Humor ist die Sahne im Kaffee

D1870565

Humor ist die Sahne im Kaffee

Unterhaltsame Geschichten und Gedanken zum 80. Geburtstag

Mit Illustrationen von Heinz Jankofsky

benno

Bibliografische Information der Deutschen Nationalbibliothek
Die Deutsche Nationalbibliothek verzeichnet diese Publikation in der Deutschen Nationalbibliografie; detaillierte bibliografische Daten sind im Internet unter http://dnb.d-nb.de abrufbar.

Besuchen Sie uns im Internet:
www.st-benno.de

Gern informieren wir Sie unverbindlich und aktuell auch in unserem Newsletter zum Verlagsprogramm, zu Neuerscheinungen und Aktionen. Einfach anmelden unter www.st-benno.de.

ISBN 978-3-7462-4815-8

© St. Benno Verlag GmbH, Leipzig
Zusammenstellung: Volker Bauch, Leipzig
Umschlaggestaltung: Rungwerth Design, Düsseldorf
Gesamtherstellung: Kontext, Lemsel (A)

Inhalt

„Lesen Sie bitte die Buchstaben der Reihe nach vor –
fangen Sie oben beim großen E an!“

Gott schenke dir Humor

Möge Gott dir die Gabe des Humors schenken,
die Gabe, die glückliche Seite des Lebens zu sehen.

Irischer Segenswunsch

Geburtstagsgruß

Ach wie schön, dass du geboren bist!
Gratuliere uns, dass wir dich haben,
dass wir deines Herzens gute Gaben
oft genießen dürfen ohne List.

Deine Mängel, deine Fehler sind
gegen das gewogen harmlos klein.
Heute nach vierzig Jahren wirst du sein:
immer noch ein Geburtstagskind.

Möchtest du: nie lange traurig oder krank
sein. Und: wenig Hässliches erfahren. –
Deinen Eltern sagen wir unseren fröhlichen Dank
dafür, dass sie dich gebaren.

Gott bewinke dir
alle deine Schritte;
ja, das wünschen wir,
deine Freunde und darunter (bitte)

Dein Joachim Ringelnatz

Gott hilft weiter

Sei heiter –
es ist gescheiter
als alles Gegrübel. –
Gott hilft weiter.
Zur Himmelsleiter
werden die Übel.

Theodor Fontane

Das große Glück wünsch ich dir

Das große Glück, noch klein zu sein,
sieht mancher Mensch als Kind nicht ein
und möchte, dass er ungefähr
so 16 oder 17 wär.

Doch schon mit 18 denkt er: „Halt!
Wer über 20 ist, ist alt."
Warum? Die 20 sind vergnüglich –
auch sind die 30 noch vorzüglich.

Zwar in den 40 – welche Wende –
da gilt die 50 fast als Ende.
Doch in den 50, peu à peu,
schraubt man das Ende in die Höh!

Die 60 scheinen noch passabel
und erst die 70 miserabel.
Mit 70 aber hofft man still:
„Ich schaff die 80, so Gott will."

Wer dann die 80 biblisch überlebt,
zielsicher auf die 90 strebt.
Dort angelangt, sucht er geschwind
nach Freunden, die noch älter sind.

Doch hat die Mitte 90 man erreicht,
die Jahre, wo einen nichts mehr wundert,
denkt man mitunter: „Na – vielleicht
schaffst du mit Gottes Hilfe auch die 100!“

Eine wunderbare Heiterkeit

Eine wunderbare Heiterkeit hat meine ganze Seele eingenommen, gleich den süßen Frühlingsmorgen, die ich mit ganzem Herzen genieße. Ich bin allein und freue mich meines Lebens in dieser Gegend, die für solche Seelen geschaffen ist wie die meine. Ich bin so glücklich, mein Bester, so ganz in dem Gefühle von ruhigem Dasein versunken, dass meine Kunst darunter leidet. Ich könnte jetzt nicht zeichnen, nicht einen Strich, und bin nie ein größerer Maler gewesen als in diesen Augenblicken. Wenn das liebe Tal um mich dampft, und die hohe Sonne an der Oberfläche der undurchdringlichen Finsternis meines Waldes ruht, und nur einzelne Strahlen sich in das innere Heiligtum stehlen, ich dann im hohen Grase am fallenden Bache liege, und näher an der Erde tausend mannigfaltige Gräschen mir merkwürdig werden; wenn ich das Wimmeln der kleinen Welt zwischen Halmen, die unzähligen, unergründlichen Gestalten der Würmchen, der Mückchen näher an meinem Herzen fühle, und fühle die Gegenwart des Allmächtigen, der uns nach seinem Bilde schuf, das Wehen des Allliebenden, der uns in ewiger Wonne schwebend trägt und erhält; mein Freund! Wenn's dann um meine Augen dämmert, und die Welt um mich her und der Himmel ganz in meiner Seele ruhn wie die Gestalt einer Geliebten, dann sehne ich mich oft und denke: Ach könntest du dem Papiere das einhauchen, was so voll, so warm in dir lebt, dass es würde der Spiegel deiner Seele, wie deine Seele ist der Spiegel des unendlichen Gottes! – Mein Freund! – Aber ich gehe darüber zugrunde, ich erliege unter der Gewalt der Herrlichkeit dieser Erscheinungen.

Johann Wolfgang von Goethe

Gebet

Herr! Schick, was du willst,
ein Liebes oder Leides;
Ich bin vergnügt, dass beides
aus deinen Händen quillt.

Wollest mit Freuden
und wollest mit Leiden
mich nicht überschütten!
Doch in der Mitten
liegt holdes Bescheiden.

Eduard Mörike

Mit Humor gehts besser

Der Humor ist das größte Gnadengeschenk
der göttlichen Welt an den bedrängten Menschen.

E. T. A. Hoffmann

Besser gegen den Strom schwimmen
als im Sumpf waten.

Theo Kreiten

Sorgen sind wie Babys:
Je mehr man sie hätschelt,
desto besser gedeihen sie.

Helmut Qualtinger

Humor ist die Kunst, sich ohne Spiegel
selber ins Gesicht zu lachen.

Paul Hörbiger

Humor ist die beste Medizin

Im Grunde des Herzens eines jeden Winters
liegt ein Frühlingsahnen,
und hinter dem Schleier jeder Nacht
verbirgt sich ein lächelnder Morgen.

Khalil Gibran

Humor ist eine großartige, eine befreiende Sache.
In dem Augenblick, wenn er zu Tage tritt,
verfliegt all unser Ärger und Verdruss,
und eine strahlende Heiterkeit tritt an ihre Stelle.

Mark Twain

Der Humor nimmt die Welt hin, wie sie ist,
sucht sie nicht zu verbessern und zu belehren,
sondern sie mit Weisheit zu ertragen.

Charles Dickens

Die Leute, die über sich selbst lachen können, sind schon auf dem richtigen Weg.

Isabella Schneider

„Mit der neuen Brille sehe ich wie ein Falke!“

„Möchtest du den heutigen Tag mit einer Rakete beginnen oder mit einem einfachen Knallfrosch?“

Täglich zu singen

Ich danke Gott, und freue mich
wie's Kind zur Weihnachtsgabe,
dass ich bin, bin! Und dass ich dich,
schön menschlich Antlitz habe;

dass ich die Sonne, Berg und Meer,
und Laub und Gras kann sehen,
und abends unterm Sternenheer
und lieben Monde gehen,

und dass mir denn zumute ist,
als wenn wir Kinder kamen,
und sahen, was der heil'ge Christ
bescheret hatte, amen!

Ich danke Gott mit Saitenspiel,
dass ich kein König worden;
ich wär geschmeichelt worden viel,
und wär vielleicht verdorben.

Auch bet ich ihn von Herzen an,

dass ich auf dieser Erde
nicht bin ein großer reicher Mann,
und auch wohl keiner werde.

Denn Ehr und Reichtum treibt und bläht,
hat mancherlei Gefahren,
und vielen hat's das Herz verdreht,
die weiland wacker waren.

Und all das Geld und all das Gut
gewährt zwar viele Sachen;
Gesundheit, Schlaf und guten Mut
kann's aber doch nicht machen.

Und die sind doch, bei Ja und Nein!
Ein rechter Lohn und Segen!
Drum will ich mich nicht groß kastei'n
des vielen Geldes wegen.

Gott gebe mir nur jeden Tag,
so viel ich darf zum Leben.
Er gibt's dem Sperling auf dem Dach;
wie sollt er's mir nicht geben!

Matthias Claudius

Seligpreisungen

Selig, die über sich selbst lachen;
sie werden genug Unterhaltung finden.

Selig, die einen Berg von einem Maulwurfshügel
unterscheiden;

sie werden sich Ärger ersparen.

Selig, die schweigen und zuhören;
sie werden viel Neues erfahren.

Selig, die kleine Dinge ernst
und ernste Dinge gelassen nehmen;
sie werden weit kommen.

Selig, die Gott erkennen und lieben;
sie werden Güte und Freude ausstrahlen.

Die kleinen Schwestern des Charles de Foucauld

Gegengewicht

Der Himmel hat den Menschen
als Gegengewicht für die vielen Mühsale des Lebens
drei Dinge gegeben:
die Hoffnung, den Schlaf und das Lachen.

Immanuel Kant

„Ich bin ja froh, dass er überhaupt mitwandert!"

Gott hat Humor

Herzensfreude
ist Leben für den Menschen.
Frohsinn verlängert ihm die Tage.

Jesus Sirach

Viele suchen nach dem Glück,
wie man nach einem Hut Ausschau hält,
den man auf dem Kopf trägt.

Nikolaus Lenau

Wer den Tag mit einem Lachen beginnt,
hat ihn bereits gewonnen.

Marcus Tullius Cicero

Humor kennt kein Alter

Humor ist die Fähigkeit,
im Leben mit Gegenwind zu segeln.

Günter Pfitzmann

Die höchste Freude
ist das Vergnügen,
etwas verstanden zu haben.

Leonardo da Vinci

Es ist unmöglich,
Ihnen mein Alter zu verraten,
da es sich ständig ändert.

Alphonse Allais

Humor ist Lebensglück

Mit dem Glück muss man es machen,
wie mit der Gesundheit:
es genießen, wenn es günstig ist,
Geduld haben, wenn es ungünstig ist,
und zu gewaltsamen Mitteln nur im äußersten Notfall greifen.

François de La Rochefoucauld

In der ersten Hälfte unseres Lebens
opfern wird unsere Gesundheit,
um Geld zu erwerben,
in der zweiten Hälfte opfern wir unser Geld,
um die Gesundheit wiederzuerlangen.

Voltaire

„In Gottes Namen – nun geh schon angeln!“

„Du könntest ja auch mal einen Moment
mit dem Wassertreten aussetzen!“

Humor hilft leben

Das Wichtigste im Leben ist halt doch,
dass man sich eines guten Rufes erfreut.
Dann kann man sich leisten, was man will.

Don Bosco

Humor ist der Schwimmgürtel
auf dem Strom des Lebens.

Wilhelm Raabe

Sag selbst, was ich dir wünschen soll,
ich weiß nichts zu erdenken.
Du hast ja Küch' und Keller voll,
nichts fehlt in deinen Schränken.

Friedrich Schiller

Humor hilft ertragen

Der Humor nimmt die Welt hin, wie sie ist,
sucht sie nicht zu bessern und zu bekehren,
sondern sie mit Weisheit zu ertragen,
da sie doch nur eine närrische Welt ist
und bleiben wird.

Charles Dickens

„Ich glaube,
wenigstens einer von uns sollte Noten lesen lernen.“

Was mir fehlte

Wenn andere Fortunens Schiff gekapert,
mit meinen Versuchen hat's immer gehapert,
auf halbem Weg, auf der Enterbrücke,
glitt immer ich aus. War's Schicksalstücke?
War's irgendein großes Unterlassen?
Ein falsches Die-Sach'-am-Schopfe-Fassen?
War's Schwachsein in den vier Elementen,
in Wissen, Ordnung, Fleiß und Talenten?
Oder war's – ach, suche nicht zu weit,
was mir fehlte, war: Sinn für Feierlichkeit.
Ich blicke zurück. Gott sei gesegnet,
wem bin ich nicht alles im Leben begegnet!
Machthabern aller Arten und Grade,
vom Hof, von der Börse, von der Parade,
„Damens" mit und ohne Schnitzer,
Portiers, Hauswirte, Hausbesitzer,
ich konnte mich allen bequem bequemen,
aber feierlich konnt ich sie nicht nehmen.
Das rächt sich schließlich bei den Leuten,
ein jeder möchte was Rechtes bedeuten,
und steht mal was in Sicht oder Frage,

so sagt ein Reskript am nächsten Tage:
„Nach bestem Wissen und Gewissen,
er lässt doch den rechten Ernst vermissen,
alle Dinge sind ihm immer nur Schein,
er ist ein Fremdling, er passt nicht hinein,
und ob das Feierlichste gescheh,
er sagt von jedem nur: Fa il Re."
Suche nicht weiter. Man bringt es nicht weit
bei fehlendem Sinn für Feierlichkeit.

Theodor Fontane

Wer morgens 3 x schmunzelt,
mittags nicht die Stirn runzelt,
abends singt, dass es schallt,
der wird 100 Jahre alt.

Volksreim

Die Alten und die Jungen

„Unverständlich sind uns die Jungen“
wird von den Alten beständig gesungen;
meinerseits möcht ich's damit halten:
„Unverständlich sind mir die Alten.“
Dieses Am-Ruder-bleiben-Wollen
in allen Stücken und allen Rollen,
dieses Sich-unentbehrlich-Vermeinen
samt ihrer „Augen stillem Weinen“,
als wäre der Welt ein Weh getan –
ach, ich kann es nicht verstahn.

Ob unsre Jungen, in ihrem Erdreisten,
wirklich was Besseres schaffen und leisten,
ob dem Parnasse sie näher gekommen
oder bloß einen Maulwurfshügel erklommen,
ob sie mit andern Neusittenverfechtern,
die Menschheit bessern oder verschlechtern,
ob sie Frieden sä'n oder Sturm entfachen,
ob sie Himmel oder Hölle machen –

Eins lässt sie stehn auf siegreichem Grunde:
Sie haben den Tag, sie haben die Stunde;
der Mohr kann gehn, neu Spiel hebt an,
sie beherrschen die Szene, sie sind dran.

Theodor Fontane

Jede Generation
lächelt über die Väter,
lacht über die Großväter und
bewundert die Urgroßväter.

William Somerset Maugham

Möglichkeiten

Du kannst einen Elefanten festhalten,
wenn er fliehen will, aber nicht das kleinste
Haar auf deinem Kopf,
wenn es fallen will.

Gerhart Hauptmann

Gegen ein hohes Alter kann man nichts machen.
Aber man kann versuchen, möglichst lange alt zu sein.

Papst Johannes XXIII.

Alt macht nicht das Grau der Haare,
als macht nicht die Zahl der Jahre,
alt ist, wer den Humor verliert
und sich für nichts mehr interessiert.

Gotthold Ephraim Lessing

Glück

Ein lang anhaltendes Glück
ist allemal verdächtig:
Das unterbrochene ist sicherer
und das Süßsaure desselben
sogar im Geschmack angenehmer.

Baltasar Gracián y Morales

„Ich lese mal ein paar Rezepturen vor,
vielleicht ist etwas für Ihren Geschmack dabei."

Ich bin nun, wie ich bin

Vom Vater hab ich die Statur,
Des Lebens ernstes Führen,
Vom Mütterchen die Frohnatur
Und Lust zu fabulieren.
Urahnherr war der Schönsten hold,
Das spukt so hin und wieder;
Urahnfrau liebte Schmuck und Gold,
Das zuckt wohl durch die Glieder.
Sind nun die Elemente nicht
Aus dem Komplex zu trennen,
Was ist denn an dem ganzen Wicht
Original zu nennen?

Johann Wolfgang von Goethe

Tu' ich einen Spaziergang machen

Tu' ich einen Spaziergang machen
Beschäft'gen mich allerlei Sachen.
In das Kommende oder in Zukunftsrätsel
Sich versenken,
Tod und Sterben überdenken,
Gibt es so was wie Fortschritt auf Erden
Oder werden wir alle russisch werden,
Sollen wir was für den Himmel tun:
Alle diese Fragen ruhn.

Immer nur allerkleinste Sachen
Dürfen einen Anspruch machen:
Warum sind Müllers ausgeblieben?
Warum hat Schulze nicht geschrieben?
Werd' ich der Meyer im Park begegnen?
Wird es schön Wetter oder wird es regnen –
Und im Immer-weiter-Schreiten
Wechseln so die Nichtigkeiten.

Theodor Fontane

Wanderlust

Die Zeit, sie orgelt emsig weiter,
sein Liedchen singt dir jeder Tag,
vermischt mit Tönen, die nicht heiter,
wo keiner was von hören mag.

Sie klingen fort. Und mit den Jahren
wird draus ein voller Singverein.
Es ist, um aus der Haut zu fahren.
du möchtest gern woanders sein.

Nun gut. Du musst ja doch verreisen.
So fülle denn den Wanderschlauch.
Vielleicht vernimmst du neue Weisen,
und Hühneraugen kriegst du auch.

Wilhelm Busch

Einer sei jung, schön, reich und geehrt;
so fragt sich, wenn man sein Glück beurteilen will,
ob er dabei heiter sei:
Ist er hingegen heiter, so ist es einerlei,
ob er jung oder alt, gerade oder bucklig,
arm oder reich sei:
Er ist glücklich.

Arthur Schopenhauer

„Wer dafür ist, dass wir hier rasten,
den bitte ich um das Handzeichen!"

Rezepte für Humor

Lachen ist Therapie,
es lässt die Luft aus allem Feierlichen und Pompösen.
Es ist meine höchstentwickelte Erfindung,
meine vollendeteste und raffinierteste Entdeckung,
nur von der Liebe übertroffen.

Peter Ustinov

Nimm ein Quantum guten Willen,
50 Gramm Bescheidenheit,
eine gute Dosis Frohsinn
füg dazu Verträglichkeit.
Misch in diese guten Dinge
Gottvertrauen noch hinein
und du hast für alle Zeiten
das Rezept zum Glücklichsein!

Poesiealbumspruch

„Bis ich neuen Sekt geholt habe,
wird's ja erst mal so gehen!“

Geschenke des Himmels
—
Freude auf Erden

Jeden Morgen in meinem Garten
öffnen neue Blüten sich dem Tag.
Überall ein heimliches Erwachen,
das nun länger nicht mehr zögern mag.

Matthias Claudius

Lied des Gärtners

Ich armer Gärtner bin zufrieden,
ich bin es, und ich kann es sein!
Viel Arbeit hat mir Gott beschieden,
und viel Bekümmernis; allein,
auch Freuden; Freuden eine Menge,
ja, viele Freuden, ihm sei Dank!
Und Freuden, wert, dass ich sie sänge
mit lautem Nachtigallgesang!

So früh und munter wie die Sonne
steh ich von meinem Lager auf!
Und sehe meistens Freud und Wonne
den ganzen Tag in ihrem Lauf!
Auch pflegt sie mir mit ihren Strahlen
die hohen Bäume morgens früh
und abends späte schön zu malen,
und durch die Bäume seh ich sie.

Die kleine Grasemücke hüpfet
um mich herum und sieht mir zu!
Holt sich ein armes Würmchen, schlüpfet

auf ihrem Nest in ihre Ruh.
Ich folg ihr, schlafe, süßer Schlummer
gibt meinen Knochen frisches Mark;
erwache, weiß von keinem Kummer,
und fühle Leib und Seele stark!

Und alle diese meine Freuden
teil ich mit meiner Gärtnerin!
Mein König würde mich beneiden,
wüsst er das alles, was ich bin!
Ich bin zufrieden, brauche wenig,
mein Apfel und mein Kohl ist süß,
in meiner Hütte bin ich König,
mein Garten ist ein Paradies.

Johann Wilhelm Ludwig Gleim

Glück

Glück ist eine stille Stunde,
Glück ist auch ein gutes Buch,
Glück ist Spaß in froher Runde,
Glück ist freundlicher Besuch.

Glück ist niemals ortsgebunden,
Glück kennt keine Jahreszeit,
Glück hat immer der gefunden,
der sich seines Lebens freut.

Clemens von Brentano

Garten des Frühlings

Lächle, denn es gibt
einen Frühling in deinem Garten,
der die Blüten bringt,
einen Sommer, der die Blätter tanzen
und einen Herbst, der die Früchte reifen lässt.

Aus Arabien

„Ich meine,
einen Kanarienvogel hat heute fast jeder ..."

„Man wird seinem Enkelkind ja wohl noch zeigen dürfen, wie eine Sonnenuhr funktioniert!“

Weit und schön ist die Welt

Weit und schön ist die Welt!
Doch oh, wie dank ich dem Himmel,
dass dein Gärtchen, beschränkt, zierlich,
mir eigen gehört!
Bringt mich wieder nach Hause!
Was hat ein Gärtner zu reisen?
Ehre bringt's ihm und Glück,
wenn er sein Gärtchen besorgt.

Johann Wolfgang von Goethe

Das Samenkorn

Ein Samenkorn lag auf dem Rücken,
die Amsel wollte es zerpicken.

Aus Mitleid hat sie es verschont
und wurde dafür reich belohnt.

Das Korn, das auf der Erde lag,
das wuchs und wuchs von Tag zu Tag.

Jetzt ist es schon ein hoher Baum
und trägt ein Nest aus weichem Flaum.

Die Amsel hat das Nest erbaut;
dort sitzt sie nun und zwitschert laut.

Joachim Ringelnatz

Grillengezirpe

An einem schönen Sommerabend erhob ein Grillchen seine Stimme und zirpte laut und anhaltend. Ein kleiner Knabe wurde aufmerksam, horchte ganz entzückt, legte den Finger an den Mund und mahnte einige Erwachsene, die plaudernd dasaßen:
„Seid still, hört zu, hört zu – es schlägt eine Nachtigall.“
Man lachte ihn aus, und er schämte sich tief und bitterlich.
Aber ein alter Mann trat zu ihm und tröstete ihn:
„Lass sie lachen. Ich müsste weinen an dem Tage, an dem du eine Nachtigall singen hören und achselzuckend sagen würdest: ‚Es hat nur eine Grille gezirpt.‘“

Marie von Ebner-Eschenbach

Humor nicht nur für Optimisten

Es kommt nicht darauf an, dem Leben mehr Jahre zu geben, sondern den Jahren mehr Leben.

Alexis Carrel

Der Optimist wird stets am besten fahren,
weil er, geht alles gut, recht behält,
geht's aber schlecht, hat er sich nicht gequält
mit Dingen, die doch unvermeidlich waren.

Johann Wolfgang von Goethe

Für den Optimisten
ist das Leben kein Problem,
sondern bereits die Lösung.

Marcel Pagnol

Humor im Alter

Das Leben ist bezaubernd,
man muss es nur durch die richtige Brille sehen.

Alexandre Dumas

Wie nicht jeder Wein,
so wird auch nicht jedes Menschenleben
durch Alter zu Essig.

Marcus Tullius Cicero

Ein großer Vorteil des Alters besteht darin,
dass man nicht länger die Dinge begehrt,
die man sich in jungen Jahren aus Geldmangel nicht leisten konnte.

Charlie Chaplin

Kritik des Herzens

Der alte Junge ist gottlob
noch immer äußerst rührig.
Er lässt nicht nach, er tut, als ob,
wennschon die Sache schwierig.

Wie wonnig trägt er Bart und Haar,
wie blinkt der enge Stiefel.
Und bei den Damen ist er gar
ein rechter böser Schliefel.

Beschließt er dann des Tages Lauf,
so darf er sich verpusten,
setzt seine Zipfelkappe auf
und muss ganz schrecklich husten.

Wilhelm Busch

Der Missionar

Ein Mann kehrte heim nach Amerika, nachdem er vierzig Jahre in Afrika als Missionar verbracht hatte. Er stand auf dem Deck, als sich das Schiff dem Ziel näherte, und schaute zum Hafen. Was er zu sehen bekam, überraschte ihn sehr. Im Hafen wartete ein großes Orchester, ein roter Teppich war ausgerollt und eine große Volksmenge mit Flaggen und Wimpeln stand dicht gedrängt. Einen Augenblick lang überlegte er bei sich, ob das wohl eine Willkommenszeremonie für ihn sein könnte, arrangiert von der Kirche, die ihn ausgesandt hatte. Doch er schlug sich das aus dem Kopf. Nein, das konnte eigentlich nicht sein.

„Was ist das für ein Volksauflauf da vorne im Hafen?“, fragte er stattdessen eine Mitreisende.

„Wissen Sie das nicht?“, antwortete die Frau, die neben ihm stand. „Präsident Nixon ist auf dem Schiff. Er war für eine Woche in Afrika. Alle warten darauf, ihn in Empfang zu nehmen.“

Der Präsident sollte natürlich als Erster das Schiff verlassen, dann alle seine Leibwächter und die übrige Gesellschaft. Es dauerte eine ganze Weile, bis die üb-

rigen Passagiere an Land gehen konnten. Und als der Missionar das Schiff verließ, war der rote Teppich bereits wieder zusammengerollt, das Orchester war verschwunden und ein einsamer Straßenkehrer fegte die Reste der Festlichkeit zusammen.
Der Missionar suchte ein Hotel, mietete ein Zimmer und warf sich auf das Bett. „Gott, das verstehe ich nicht“, weinte er. „Der Präsident war eine Woche lang weg und bekam einen fantastischen Empfang. Ich war vierzig Jahre lang in Afrika, um dir zu dienen, aber niemand hat mich zu Hause willkommen geheißen.“
Da hörte er eine Stimme in sich: „Aber du bist doch noch gar nicht zu Hause.“

Unbekannt

Fabel

Zur Zeit der Abenddämmerung saßen drei oder vier Leuchtwürmchen in einer Wiese unter den Kräutern und Blumen, und man sah, wie sie geheimnisvoll die Köpfe zusammensteckten, emsig hin und her krochen und sich eifrig besprachen, sodass man glauben musste, es sei etwas sehr Wichtiges im Werke.

Als nun die Nacht auf die Felder und Fluren herniedersank und die Sterne am Himmel erglänzten, da erklommen sie einen hohen Grashalm und sprachen zu den Sternen: „Ihr lieben Sternlein! Ihr müsst gewiss sehr müde sein von eurem allnächtlichen Wachen; drum geht einmal ohne Sorgen schlafen; wir wollen indes die Erde für euch beleuchten!"

Die Sternlein lächelten einander an und verbargen sich zum Spaße hinter kleinen Wolken; die Leuchtwürmchen aber glänzten die ganze Nacht hindurch aus allen Leibeskräften, und am Morgen meinten die guten Tierlein, sie hätten die Erde erleuchtet.

Gottfried Keller

„Die Magentropfen habe ich nach Vorschrift 1:20 verdünnt. Ich wusste ja nicht, dass in der Flasche so viel drin ist.“

„Aber nur zum Zeigen, Opa.
Nach der Besuchszeit nimmt Marylou ihn wieder mit.“

Lebenszeiten — Segenszeiten

Die kleinen Freuden aufpicken,
bis das große Glück kommt.
Und wenn es nicht kommt,
dann hat man wenigstens
die „kleinen Glücke“ gehabt.

Theodor Fontane

Augenblicke

Haben Sie manchmal auch so Augenblicke
Wo Sie Ihre eigene Schrift nicht mehr lesen können
Es fängt meistens ganz anders an
Man fährt irgendwo vorbei
Auto Omnibus Straßenbahn Fahrrad
Egal
Und da steht groß an einer Häuserwand
Als Reklame geschrieben:
Haus der Seide
Und Sie lesen:
Haus der Freude
Nun kann man natürlich nicht alles auf
Sigmund Freud schieben
Der hat ja auch mal gesagt
Dass ein Zeppelin nicht immer ein Symbol sei
Aber so wie es keine einfachen Versprecher gibt
Gibt es auch keine einfachen Verleser
Da steckt ja immer hab ich gelernt
Ein ganz tiefer psychologischer
Verdrängungsmephisto
Ach in jeder Brust

Aber das ist gar nicht schlimm
Wir haben ja alle mal klein angefangen
Und außerdem lese ich doch wenigstens noch etwas
Wenn da steht Ordnungsamt
Und ich lese Oktoberabend
Da lese ich doch wenigstens noch etwas
Also ich schreibe abends etwas in mein Notizbuch
Ich hab so fünf sechs Notizbücher
Weil ich mir alles aufschreiben muss
Ich behalte ja auch nix mehr
Und wenn ich also abends was aufschreibe
Kann ich es am anderen Morgen nicht mehr lesen
Nun hab ich schon gedacht das liegt am Abend
Und habe es morgens aufgeschrieben
Aber da konnte ich es am Abend auch nicht lesen
Und da bin ich natürlich wachsam geworden
Und hab mir gesagt
Alter Junge hab ich mir gesagt
Da stimmt was nicht!
Ich schrieb also abends hin als Beispiel
Mein lieber Freund und Kupferstecher
Und weiß morgens nicht mehr was da steht
Und radebreche und radelese dann immer
Mein siebtes Bein und Buttermesser
Ungelogen

Weiß aber genau dass das nicht stimmt
Dass ich das am Abend nie dahingeschrieben habe
Und da bin ich dann doch zum Arzt und da
Sagt der zu mir:
Das liegt an Ihrer Brille
Na Gott sei Dank Herr Doktor hab ich da gesagt
Ich dachte schon es wären die Augen
Ich hab nämlich drei Gallenkoliken hinter mir
Kann das vielleicht mit der Brille zusammenhängen
Nein sagt er in Wirklichkeit sind es natürlich
Die Augen
Sehen Sie Herr Doktor hab ich da gesagt
So fängt es meistens an
Bei Ihnen auch schon
Sie meinen die Brille sagen aber die Augen
Ich verlese mich Sie versprechen sich
Jetzt sind wir quitt
Danke schön und schicken Sie mir die Rechnung
Das mit der Brille übrigens
Hab ich von meinem Vater geerbt
Weil der nämlich seine Brille nur alle zwei Monate
Putzte
Konnten die Augen natürlich nichts machen
Hätte er sie jeden Tag geputzt
Hätte er gar keine Augen gebraucht

So ist das Leben
Er war übrigens der Erfinder von einigen
Verkehrsschildern
Die immer so auf der Straße rumstehen
Wie zum Beispiel:
Vorsicht – Kinder!
Als er pensioniert war hat er sich noch mal hingesetzt
Mit der Laubsäge hat er sich so Schilder ausgesägt
Und dann die Texte draufgeschrieben
Ich fand das toll und hab ihn auch
Immer dazu animiert
Hab zu ihm gesagt du musst das machen
Misch dich doch noch mal ein
Die Gesellschaft braucht dich
Einige Schilder hat er auch ans Verkehrsministerium
Geschickt
Es sind nicht alle genommen worden aber immerhin
Gas weg – Schule
Oder
Pferd weg – Cowboy
Das ist glaube ich genommen worden
Also wenn Sie so ein Schild mal auf der
Autobahn sehen
Das ist von meinem Vater
Fuß weg – Metzger

Mund auf – Arzt
Und
Hut ab – Kirche
Und so weiter
Ich hab mich inzwischen damit abgefunden
Dass ich meine Schrift nicht mehr lesen kann
Vielleicht kann ich eines Tages bei der Spionage
Als Geheimschreiber unterkommen
Mal gucken
Das meiste spreche ich jetzt abends aufs Tonband
Aber ich muss zugeben
Es gibt auch da schon morgens Augenblicke
Wo ich mich nicht mehr hören kann.

Hanns Dieter Hüsch

Die Unterscheidung

Herr, gib mir die Gelassenheit,
Dinge hinzunehmen,
die ich nicht ändern kann.
Gib mir den Mut,
Dinge zu ändern,
die ich ändern kann.
Und gib mir die Weisheit,
das eine vom anderen
zu unterscheiden.

Friedrich Christoph Oetinger

„Ich finde, mit so einem kleinen Radio sieht man jugendlicher aus."

Im Groll

Erscheint dir etwas unerhört,
bist du tiefsten Herzens empört,
bäume nicht auf, versuch's nicht im Streit,
berühr es nicht, überlass es der Zeit.
Am ersten Tag wirst du feige dich schelten,
am zweiten lässt du dein Schweigen schon gelten,
am dritten hast du's überwunden;
alles ist wichtig nur auf Stunden.
Ärger ist Zehrer und Lebensvergifter,
Zeit ist Balsam und Friedensstifter.

Theodor Fontane

Lebenskunst

Leicht zu leben ohne Leichtsinn,
heiter zu sein ohne Ausgelassenheit,
Mut zu haben ohne Übermut,
Vertrauen und freudige Ergebung zu zeigen,
ohne türkischen Fatalismus –
das ist die Kunst des Lebens.
In vielen Stücken ordne ich mich unter,
aber in diesem Punkt bin ich Autorität.

Theodor Fontane

Lebensweisheit

Du kannst dein Leben nicht verlängern,
noch verbreitern, nur vertiefen.

Gorch Fock

Wer nie weiß, was er war,
wird auch nie wissen können, was er werden soll.

Johann Wilhelm Ritter

Das größte Vergnügen im Leben besteht darin,
Dinge zu tun, die man nach Meinung anderer Leute
nicht fertigbringt.

Marcel Ayni

Das Gesicht

Mit zwanzig Jahren hat jeder das Gesicht, das Gott ihm gegeben hat, mit vierzig das Gesicht, das ihm das Leben gegeben hat, und mit sechzig das Gesicht, das er verdient.

Albert Schweitzer

„Für die nächste Szene verkleiden Sie sich als junge Frau."

Lösung der Frage

Du warst noch so ein kleines Mädchen
Von acht, neun Jahren ungefähr,
Da fragtest du mich vertraut und wichtig:
„Wo kommen die kleinen Kinder her?“

Als ich nach Jahren dich besuchte,
Da warst du schon über den Fall belehrt,
Du hattest die alte vertrauliche Frage
Hübsch praktisch gelöst und aufgeklärt.

Und wieder ist die Zeit vergangen.
Hohl ist der Zahn und ernst der Sinn.
Nun kommt die zweite und wichtige Frage:
„Wo gehen die alten Leute hin?“

Madame, ich habe mal vernommen,
Ich weiß nicht mehr so recht, von wem:
Die praktische Lösung dieser Frage
Sei eigentlich recht unbequem.

Wilhelm Busch

Bleib einfach jung im Herzen

Man nehme zwölf Monate,
putze sie sauber von Bitterkeit, Geiz,
Pedanterie und Angst und zerlege
jeden Monat in 30 oder 31 Teile, sodass
der Vorrat genau für ein Jahr reicht.

Jeder Tag wird einzeln angerichtet aus
einem Teil Arbeit und zwei Teilen Frohsinn
und Humor. Man füge drei gehäufte
Esslöffel Optimismus hinzu, einen Teelöffel
Toleranz, ein Körnchen Ironie und
eine Prise Takt.
Dann wird die Masse sehr reichlich
mit Liebe übergossen.

Das fertige Gericht schmücke man mit
Sträußchen kleiner Aufmerksamkeiten
und serviere es täglich mit Heiterkeit
und mit einer guten
erquickenden Tasse Tee …

Catharina Elisabeth Goethe

Zu Goethes Geburtstagfeier

Die Vorzeit hat von einem Quell gesungen,
Des Zauberkraft die Jugend brachte wieder.
Der matte Greis, ganz von der Zeit bezwungen,
Er tauchte kaum in dieses Bad die Glieder,
So war zum Herzen frisches Blut gedrungen,
So regte Lebenslust ihr neu Gefieder.
Selbst Tithon fänd' in solchen Wunderfluten
Sein blondes Haupthaar, und der Liebe Gluten.

Die Sage, nicht aus eitlem Wahn ersonnen,
Kann heut wie vormals wahrhaft sich bewähren.
Die Poesie ist jener Lebensbronnen.
Sie weiß die Welt im Spiegel zu verklären,
Hervorzurufen längst entschwundne Wonnen,
Den süßen Glauben jeder Brust zu nähren;
Und wer sich labt an ihren Göttergaben,
Wird im Gemüt die ew'ge Jugend haben.
Dein denk' ich hier, Verkündiger des Schönen!

Der Musen Bot' an das Jahrhundert! Goethe!
Du lehrtest Harmonie in allen Tönen,

Der Harfe, der Posaun' und sanften Flöte.
Wo gibt es Lorbeern, die dein Haupt nicht krönen?
Du kamest im Geleit der Morgenröte:
Sei Tithon denn, stets geistig neugeboren,
Geliebt und nie betrauert von Auroren!

Gleich jenem Baum, dem Liebling der Pomone,
Der Nektar-Äpfel trägt mit goldnen Schalen,
Dem weiße Blüten aus der dunkeln Krone
Zugleich mit Früchten jedes Alters strahlen,
Ausatmend Balsamduft der sonn'gen Zone,
In der glücksel'gen Inseln stillen Talen:
So ward, ein Sprössling aus den Hesperiden,
Der Dichter unserm Vaterland beschieden.

Er überwölbt es mit den schatt'gen Ästen
Weit von den Alpen zu des Belts Gestaden.
Wie wir am Rhein, ist manche Schaar von Gästen
Zu gleicher Feier, nah und fern, geladen;
Viel Stimmen schallen heut in Ost und Westen,
Erwünschend ihm des Himmels reiche Gnaden.
Der Deutschland so viel Herrliches gegeben,
Soll in der deutschen Brust unsterblich leben.

August Wilhelm von Schlegel

Humor sei Dank

Nichts macht so alt
wie ein lange zurückliegendes Geburtsdatum.

Anonym

Es ist manchmal gut,
die Sorgen so zu behandeln,
als ob sie nicht da wären;
das einzige Mittel,
ihnen die Wichtigkeit zu nehmen.

Rainer Maria Rilke

Unser ganzes Leben sollte ein
lächelnder Dank an Gott sein.

Robert de Langeac

Der Wettermacher

Gleichwie einem Siebmacher oder einem Hafenbinder, wenn er in einem kleinen Ort zu Hause ist, können seine Mitbürger nicht das ganze Jahr Arbeit und Nahrung geben, sondern er begibt sich auf Künstlerreisen im Revier herum und geht seinem Verdienst nach; also auch der Zirkelschmied ist fleißig darauf im andern Revier und handelt nicht mit Zirkeln, sondern mit Trug und Schelmerei, um die Leute zu berücken und sich freizutrinken im Wirtshaus. Also erscheint er einmal in Oberehningen und geht gerade zum Schulz.

„Herr Schulz", sagt er, „könntet Ihr kein ander Wetter brauchen? Ich bin durch Eure Gemarkung gegangen. Die Felder in der Tiefe haben schon zu viel Regen gehabt, und auf der Höhe ist das Wachstum auch noch zurück."

Der Schulz meinte, das sei geschwind gesagt, aber besser machen sei eine Kunst. „Ei", erwidert der Zirkelschmied, „auf das reise ich ja. Bin ich nicht der Wettermacher von Bologna? In Italien", sagte er, „wo doch Pomeranzen und Zitronen wachsen, wird alles Wetter auf Bestellung gemacht. Darin seid ihr Deutsche noch zurück.“ Der Schulz ist ein guter und treuherziger Mann und gehört zu denen, die lieber geschwind reich werden möchten als langsam. Also leuchtete ihm das Anbieten des Zirkelschmieds ein. Doch wollte er vorsichtig sein. „Macht mir morgen früh einen heitern Himmel“, sagte er, „zur Probe, und ein paar leichte weiße Wölklein dran, den ganzen Tag Sonnenschein und in der Luft so zarte, glänzende Fäden. Auf den Mittag könnt Ihr die ersten gelben Sommervögel loslassen, und gegen Abend darfs wieder kühl werden.“ Der Zirkelschmied erwiderte: „Auf einen Tag kann ich mich nicht einlassen, Herr Schulz. Es trägt die Kosten nicht aus. Ich unternehms nicht anderst als auf ein Jahr. Dann sollt Ihr aber Not haben, wo Ihr Eure Frucht und Euern Most unterbringen wollt.“ Auf die Frage des Schulzen, wie viel er für den Jahrgang fordere, verlangte er zum Voraus nichts als täglich einen Gulden und freien Trunk, bis die Sache eingerichtet sei, es könne wenigstens drei Tage dauern; „hernach aber von jedem Saum Wein, den Ihr mehr bekommt“, sagte er, „als in den besten Jahren, ein Viertel, und von jedem Malter Frucht einen Sester.“ – „Das wär nicht veil“, sagte der Schulz. Denn dortzuland sagt man veil statt viel, wenn man sich hochdeutsch explizieren will. Der Schulz bekam Respekt vor dem Zirkelschmied und explizierte sich hochdeutsch. Als er nun aber Papier und Feder aus dem Schränklein holte und dem Zirkelschmied das Wetter von Monat zu Monat vorschreiben wollte, machte ihm der Zirkelschmied eine neue Einwendung: „Das geht nicht an, Herr Schulz! Ihr müsst auch die Bürgerschaft darüber hören. Denn das Wetter ist eine Gemeindssache. Ihr könnt nicht verlangen, dass die ganze Bürgerschaft Euer Wetter annehmen soll." Da sprach der Schulz: „Ihr habt recht! Ihr seid ein verständiger Mann."

Der geneigte Leser aber ist nun der Schelmerei des Zirkelschmieds auf der rechten Spur, wenn er zum Voraus vermutet, die Bürgerschaft sei über die Sache nicht einig geworden.

In der ersten Gemeindsversammlung wurde noch nichts ausgemacht, in der siebenten auch noch nichts, in der achten kams zu ernsthaften Redensarten, und ein verständiger Gerichtsmann glaubte endlich, um Fried und Einigkeit in der Gemeinde zu erhalten, wärs am besten, man zahlte den Wettermacher aus und schickte ihn fort. Also beschied der Schulz den Wettermacher vor sich: „Hier habt Ihr Eure neun Gulden, Unheilstifter, und nun tut zur Sache, dass Ihr fortkommt, eh Mord und Totschlag in der Gemeinde ausbricht."

Der Zirkelschmied ließ sich nicht zweimal heißen. Er

nahm das Geld, hinterließ eine Wirtsschuld von circa vierundzwanzig Maß Wein, und mit dem Wetter blieb es, wie es war.

Item, der Zirkelschmied bleibt immer ein lehrreicher Mensch. Merke, wie gut es sei, dass der oberste Weltregent bisher die Witterung nach seinem Willen allein gelenkt hat. Selbst wir Kalendermacher, Planeten und übrigen Landstände werden nicht leicht um etwas gefragt und haben, was das betrifft, ruhige Tage.

Johann Peter Hebel

Auf den 80sten Geburtstag des Herrn Altbürgermeisters Martin

Schlagt den Zapfen aus dem Fasse,
Das der Vierunddreiß'ger füllt
Mit dem Nasse zu dem Spasse,
Welcher unserm Martin gilt!
Achtzig Jahr ist doch ein Alter,
Und ich glaub' er tanzt noch gar,
Wie der Herr Renteiverwalter,
Der hoch in den Siebzig war!

Lustig Freunde und Bekannte,
Lustig liebe Schwägerin,
Lustig, lustig, Anverwandte,
Lustig ist nach meinem Sinn!

Leider, dass beim heut'gen Feste
Seine Kinder sind zerstreut,
Und sich in der Zahl der Gäste
Nur ein einzig's mit uns freut.
Ach! Die vielen andern wohnen,
In Paris, in Buffalo,
Stuttgart, Sasbach – solchen Zonen,

Die wo ganz wo-anderswo!
Lustig, Freunde und Bekannte,
Lustig, liebe Schwägerin,
Lustig, lustig, Anverwandte,
Lustig ist nach meinem Sinn!

Ei, die Frau Altbürgermeistrin
Schenkt uns einen, welcher packt,
Da ist Feuer, da ist Geist drin –
Und was sie für Kuchen backt!
Könnt sie doch den Kindern schicken
Von der Brezel auch ein Stück
Hinter Vater Martins Rücken
Wär' es nötig nicht, zum Glück!

Lustig, Freunde und Bekannte,
Lustig, liebe Schwägerin,
Lustig, lustig, Anverwandte,
Lustig ist nach meinem Sinn!

Alle sind sie gut geraten,
Wie's von selber sich versteht,
Wo mit lobenswerten Taten
Stets voran der Vater geht,
Dem die Mutter geht zur Seite,

Dem die Freunde geh'n zur Hand,
Der mit sich zu Rat geht heute,
Und der morgen Ratsvorstand.

Lustig, Freunde und Bekannte,
Lustig, liebe Schwägerin,
Lustig, lustig, Anverwandte,
Lustig ist nach meinem Sinn!

Aller Waisenkinder Vater,
Und den Witwen zugetan,
Nahm er sich sogar noch später
Des entlass'nen Sträflings an.
Philipp, der sein Knecht geworden,
Ist der brävste Mensch nun fast,
Welcher sonst in Süd und Norden
Der Gemeinde fiel zur Last.

Lustig, Freunde und Bekannte,
Lustig, liebe Schwägerin,
Lustig, lustig, Anverwandte,
Lustig ist nach meinem Sinn!
Staunen muss es nur erregen,
Wenn der Sinn das alles misst,
Was nur alles uns'retwegen

Schon durch ihn geschehen ist.
O, wie viele Amtsberichte,
O, wie viel hat er gemacht,
Sitzend bei dem teuren Lichte
Oft noch bis nach Mitternacht!

Lustig, Freunde und Bekannte,
Lustig, liebe Schwägerin,
Lustig, lustig, Anverwandte,
Lustig ist nach meinem Sinn!

Drum soll Vater Martin leben,
Der noch immer tätig ist,
Dem der Himmel viel gegeben,
Und der weniges vergisst.
Trinket, esset, tanzt und singet,
Heute ist ein schönes Fest,
Sammelt dann, was ihr nicht zwinget
Und den Armen gebt den Rest!

Lustig, Freunde und Bekannte,
Lustig, liebe Schwägerin,
Lustig, alle Anverwandte,
Lustig ist nach meinem Sinn!

Ludwig Eichrodt

„Eines Tages, mein Junge, wird sie dir gehören, aber bis es so weit ist, hörst du gefälligst nur zu.“

Humor ist erlernbar

Man muss viel gelernt haben,
um nach dem,
was man nicht weiß,
fragen zu können.

Jean-Jacques Rousseau

Bewahre deine Träume.
Die Vernünftigen träumen nicht so schön
wie die Verrückten.

Charles Baudelaire

Für die Schönheit gibt es keine bessere Pflege,
als glücklich zu sein.

Marguerite Blessington

Wie du leben sollst

Es ist auf Erden kein besser List,
Denn wer seiner Zungen ein Meister ist.
Viel Wissen und wenig sagen
nicht antworten auf alle Fragen.
Rede wenig und mach's wahr,
was du borgst, bezahle bar.
Lass einen jeden, wie er ist,
so bleibst du auch wohl, wer du bist.

Martin Luther

Nimm dich nicht so wichtig

Ein neu ernannter Bischof besuchte Johannes XXIII. Als ihn der Papst fragte, wie es ihm in seinem neuen Amt gehe, gestand der Bischof, dass er die Last seiner Verantwortung spüre und darum oft nicht schlafen könne. Johannes XXIII. erzählte ihm darauf, dass es ihm in den ersten Tagen seines Papsttums ähnlich ergangen sei, das hätte sich aber schlagartig geändert. „Denn ich träumte", so fuhr er fort, „dass mir mein Schutzengel erschien; und er sagte zu mir: Johannes, nimm dich nicht so wichtig!"

Überlass es der Zeit

Erscheint dir etwas unerhört,
bist du tiefsten Herzens empört,
bäume nicht auf, versuchs nicht mit Streit,
berühr es nicht, überlass es der Zeit.
Am ersten Tage wirst du feige dich schelten,
am zweiten lässt du dein Schweigen schon gelten,
am dritten hast du's überwunden;
alles ist wichtig nur auf Stunden,
Ärger ist Zehrer und Lebensvergifter,
Zeit ist Balsam und Friedensstifter.

Theodor Fontane

Zeit

So wandelt sie im ewig gleichen Kreise,
die Zeit, nach ihrer alten Weise,
auf ihrem Wege taub und blind.
Das unbefangne Menschenkind
erwartet stets vom nächsten Augenblick
ein unverhofftes seltsam neues Glück.
Die Sonne geht und kehret wieder,
kommt Mond und sinkt die Nacht hernieder,
die Stunden die Wochen abwärtsleiten,
die Wochen bringen die Jahreszeiten.
Von außen nichts sich je erneut.
In dir trägst du die wechselnde Zeit,
in dir nur Glück und Begebenheit!

Ludwig Tieck

Gelassenheit

Stets achtete ich die Gelassenheit für eines der höchsten Güter, welche der Mensch auf dieser Erde erringen kann; aber die Gelassenheit unter allen Umständen, die Gelassenheit jedem Wesen und Dinge gegenüber, die Gelassenheit in jeder Lage, sei sie bequem oder unbequem, drohend oder lächelnd, gut oder böse.

Wilhelm Raabe

Die beste Zeit im Jahr ist mein

Die beste Zeit im Jahr ist mein,
da singen alle Vögelein.
Himmel und Erden ist der voll,
viel gut Gesang da lautet wohl.

Voran die liebe Nachtigall
macht alles fröhlich überall
mit ihrem lieblichen Gesang,
des muss sie haben immer Dank.

Vielmehr der liebe Herre Gott,
der sie also geschaffen hat,
zu sein ein' rechte Sängerin,
der Musica ein' Meisterin.

Dem singt und springt sie Tag und Nacht,
seins Lobes sie nichts müde macht:
Den ehrt und lobt auch mein Gesang
und sagt ihm einen ewgen Dank.

Martin Luther

Man wird nicht besser ...

Man wird nicht besser mit den Jahren, –
wie sollt es auch? Man wird bequem
und bringt, um sich die Reu zu sparen,
die Fehler all in ein System.

Das gibt dann eine glatte Fläche,
man gleitet unbehindert fort,
und „allgemeine Menschenschwäche“
wird unser Trost- und Losungswort.

Die Fragen alle sind erledigt,
das eine geht, das andre nicht,
nur manchmal eine stumme Predigt
hält uns der Kinder Angesicht.

Theodor Fontane

„Glücklicherweise nur das hier – und ich dachte schon, ich muss mit dem Rauchen aufhören.“

Genieße den Tag,
das Jahr, ein Leben

Eine stillstehende Uhr hat doch zweimal täglich richtig angezeigt und darf nach Jahren auf eine lange Reihe von Erfolgen zurückblicken.

Marie von Ebner-Eschenbach

Zu meinem Geburtstag

Mit trunknem Wohlgefallen sog
mein Ohr der Wünsche Schmeichelei.
Und als ihr Herz sich ausgewünscht,
wünscht' ich mir selber dies dabei:
Erhalte Gott mir dies Gefühl
der Lieb' im Busen wolkenfrei,
dass hell in jedem Augenblick
mein Glück mir gegenwärtig sei.

Wie ich sie lieb' und sie mich liebt,
wie ich ihr geb' und sie mir gibt,
wie mich beglückt, die ich beglücke,
wie mich entzückt, die ich entzücke,
wie sie mich fühlt, die ich empfinde,
wie sie mich hält, die ich umwinde,
wie ich sie trage, sie mich hebt,
wie ich ihr leb', und sie mir lebt.

Friedrich Rückert

Pfarrer und Bauer

Pfarrer:
Wie mögt Ihn nur so bang um Eure Nahrung sorgen!
Da seht die Vögel unterm Himmel an!
Fragt einer auch: „Was ess ich heut und morgen?“
Keiner verhungert, seht, dafür ist Gott der Mann.
Wenn nun der Herr des Sperlings Schrei erhört,
Seid Ihn nicht mehr denn alle wert?

Bauer:
Ganz gut, Herr Pfarr! Doch, wenns Euch nicht erbost:
Beim Licht besehn, ist das ein – Vogeltrost.

Eduard Mörike

„Möchten Sie vorher etwas Vernünftiges essen?“

Der Kobold

In einem Häuschen sozusagen –
(den ersten Stock bewohnt der Magen)
in einem Häuschen war's nicht richtig.
Darinnen spukt und tobte tüchtig
ein Kobold wie ein wildes Bübchen
vom Keller bis zum Oberstübchen,
fürwahr, es war ein bös Getös.
Der Hausherr wird zuletzt nervös,
und als ein desperater Mann
steckt er kurzweg sein Häuschen an
und baut ein Haus sich anderswo
und meint, da ging es ihm nicht so.
Allein da sieht er sich betrogen.
Der Kobold ist mit umgezogen
und macht Spektakel und Rumor,
viel ärger noch als wie zuvor.
„Ha“, rief der Mann, „wer bist du, sprich!“
Der Kobold lacht: „Ich bin dein Ich.“

Wilhelm Busch

Eine Neige Wein

Eine Neige Wein,
Eine Neige Liebe;
Dass vom Abendschein
Nun so viel mir bliebe,
Meinen Doppelrest
Langsam auszutrinken,
Und zum Schlafe fest
In die Nacht zu sinken.

Friedrich Rückert

Der Geschmack der Alten

Ob wir, wir Neuern, vor den Alten
Den Vorzug des Geschmacks erhalten,
Was les't ihr darum vieles nach,
Was der und jener Franze sprach?
Die Franzen sind die Leute nicht,
Aus welchen ein Orakel spricht.

Ich will ein neues Urteil wagen.
Geschmack und Witz, es frei zu sagen,
War bei den Alten allgemein.
Warum? Sie tranken alle Wein.
Doch ihr Geschmack war noch nicht fein;
Warum? Sie mischten Wasser drein.

Gotthold Ephraim Lessing

Anstoßen

Die Trinksprüche bei einem Festmahl rissen nicht ab. Immer wieder wurde angestoßen.
Einem weniger trinkfreudigen Gast wurde das zu viel und er beschwerte sich beim Nachbarn. Doch der entgegnete: „Das Anstoßen muss sein. In den Gläsern ist Wein, im Wein liegt Wahrheit. Und mit der Wahrheit stößt man überall an."

Diät

Der schwer erkrankte Schriftsteller Mark Twain wurde im Krankenhaus auf strenge Diät gesetzt.
Als er Hunger hatte und um etwas zu essen bat, bekam er nur einen Löffel Nährsalz.
Der Spötter lächelte die Schwester an: „Nun bin ich satt und würde gern etwas lesen, vielleicht eine Briefmarke?"

Summe unseres Lebens

Sag, wie wär' es, alter Schragen,
wenn du mal die Brille putztest,
um ein wenig nachzuschlagen,
wie du deine Zeit benutztest.
Oft wohl hätten dich so gerne
weiche Arme warm gebettet;
doch du standest kühl von ferne,
unbewegt, wie angekettet.
Oft wohl kam's, dass du die schöne
Zeit vergrimmtest und vergrolltest,
nur weil diese oder jene
nicht gewollt, so wie du wolltest.
Demnach hast du dich vergebens
meistenteils herumgetrieben;
denn die Summe unseres Lebens
sind die Stunden, wo wir lieben.

Wilhelm Busch

Humor schenkt Gesundheit

Was süß schmeckt,
wird oft bitter beim Verdauen.

William Shakespeare

Wer seine Gesundheit durch allzu strenge Lebens - weise zu erhalten sucht, begibt sich damit in eine fortlaufende und langweilige Krankheit.

François La Rochefoucault

Durch unnatürliche Kost
wird der Hunger nur gesteigert.

Bernhard von Clairvaux

Im Voraus

Der bekannte Wiener Mediziner, Professor Billroth, verordnete einmal einem Patienten, der an einem Magenkatarrh litt, täglich eine Tasse Haferschleimsuppe und ein Glas Rotwein zu trinken. Als der Patient nach mehreren Wochen wieder zum Arzt ging, fragte ihn dieser, wie es ihm gehe und ob er auch seine Anordnungen befolgt habe. „Selbstverständlich, Herr Professor“, entgegnete er, „aber leider bin ich mit der Haferschleimsuppe vier Wochen im Rückstand, mit dem Rotwein aber drei Monate voraus.“

Neuer Tag

Wir sollten stets eingedenk sein,
dass der heutige Tag nur einmal kommt
und nimmer wieder.
Aber wir wähnen, er komme wieder;
morgen ist jedoch ein anderer Tag,
der auch nur einmal kommt.

Arthur Schopenhauer

Die fünf Ursachen

Man kann, wenn wir es überlegen,
Wein trinken fünf Ursachen wegen:
einmal um eines Festtages wegen,
sodann vorhandenen Durst zu stillen,
ingleichen künftigen abzuwehren,
ferner dem guten Wein zu Ehren,
und endlich um jeder Ursache willen.

Friedrich Rückert

Freud und Leid

Mit Leiden und Freuden
gleich lieblich zu spielen
und Schmerzen im Scherzen
so leise zu fühlen,
ist wen'gen beschieden.
Sie wählen zum Frieden
das eine von beiden,
sind nicht zu beneiden;
ach gar zu bescheiden
sind doch ihre Freuden
und kaum von Leiden
zu unterscheiden.

Ludwig Tieck

Der geheilte Patient

Reiche Leute haben trotz ihrer gelben Vögel doch manchmal auch allerlei Lasten und Krankheiten auszustehen, von denen gottlob der arme Mann nichst weiß, denn es gibt Krankheiten, die nicht in der Luft stecken, sondern in den vollen Schüsseln und Gläsern und in den weichen Sesseln und seidenen Betten, wie jener reiche Amsterdamer ein Wort davon reden kann. Den ganzen Vormittag saß er im Lehnsessel und rauchte Tabak, wenn er nicht zu träge war, oder hielt Maulaffen feil zum Fenster hinaus, aß aber doch zu Mittag wie ein Scheunendrescher, und die Nachbarn sagten manchmal: „Windet es draußen, oder schnauft vielleicht der Nachbar so?"

Den ganzen Nachmittag aß und trank er ebenfalls bald etwas Kaltes, bald etwas Warmes, ohne Hunger und ohne Appetit, aus lauter Langeweile bis zum Abend, sodass man bei ihm nicht recht sagen konnte, wo das Mittagessen aufhörte und wo das Nachtessen anfing. Nach dem Nachtessen legte er sich ins Bett und war so müd, als wenn er den ganzen Tag Steine abgeladen oder Holz gespalten hätte. Davon bekam er zuletzt einen dicken Leib, der so unbeholfen war wie ein Mehlsack. Essen und Schlaf wollte ihm nimmer schmecken, und er war lange Zeit, wie es manchmal geht, nicht recht gesund und nicht recht krank; wenn man ihn aber selber hörte, so hatte er 365 Krankheiten, nämlich alle Tage eine andere.

Alle Ärzte, die in Amsterdam sind, mussten ihm raten. Er verschluckte ganze Feuereimer voll Mixturen und ganze Schaufeln voll Pulver und Pillen, wie Enteneier so groß, und man nannte ihn zuletzt scherzweise die zweibeinige Apotheke.

Aber alle Arzneien halfen ihm nichts, denn er befolgte nicht, was ihm die Ärzte rieten, sondern sagte: „Teufel, wofür bin ich ein reicher Mann, wenn ich soll leben wie ein Hund, und der Doktor will mich nicht gesund machen für mein Geld?" Endlich hörte er von einem Arzt, der 100 Stund weit weg wohnte, der sei so geschickt, dass die Kranken gesund werden, wenn er sie nur recht anschaue, und der Tod gehe ihm aus dem Weg, wo er sich sehen lasse. Zu dem Arzt fasste der Mann Zutrauen und schrieb ihm seinen Umstand. Der Arzt merkte bald, was ihm fehle, nämlich nicht Arznei, sondern Mäßigkeit und Bewegung, und sagte: „Wart, dich will ich bald kuriert haben." Deswegen schrieb er ihm ein Brieflein folgenden Inhalts: „Guter Freund, Ihr habt einen schlimmen Umstand, doch wird Euch zu helfen sein, wenn Ihr folgen wollt. Ihr habt ein böses Tier im Bauch, einen Lindwurm mit sieben Mäulern. Mit dem Drachen will ich selber reden, und Ihr müsst zu mir kommen. Aber fürs Erste dürft Ihr nicht fahren oder auf dem Rösslein reiten, sondern auf des Schusters Rappen, sonst schüttelt Ihr den Lindwurm, und er beißt Euch die Eingeweide ab, sieben Därme auf einmal ganz entzwei. Fürs andere dürft Ihr nicht mehr essen als zweimal des Tages einen Teller voll Gemüs, mittags ein Bratwürstlein dazu und nachts ein Ei und am Morgen ein Fleischsüpplein mit Schnittlauch. Was Ihr mehr esset, davon wird nur der Lindwurm größer, also dass er Euch die Leber erdrückt, und der Schneider hat Euch nimmer viel anzumessen, aber der Schreiner. Dies ist mein Rat, und wenn Ihr mir nicht folgt, so hört Ihr im andern Frühjahr den Kuckuck nimmer schreien. Tut, was Ihr wollt!"

Als der Patient so mit sich reden hörte, ließ er sogleich am anderen Morgen die Stiefel salben und machte sich auf den Weg, wie ihm der Doktor befohlen hatte. Den ersten Tag ging es so langsam, dass wohl eine Schnecke hätte sein Vorreiter sein können, und wer ihn grüßte, dem dankte er nicht, und wo ein Würmlein auf der Erde kroch, das zertrat er. Aber schon am zweiten und dritten Morgen kam es ihm vor, als wenn die

Vögel schon lange nimmer so lieblich gesungen hätten wie heut, und der Tau schien ihm so frisch und die Kornrosen so rot, und alle Leute, die ihm begegneten, sahen so freundlich aus, und er auch, und alle Morgen, wenn er aus der Herberge ausging, war's schöner, und er ging leichter und munterer dahin, und als er am 18. Tag in der Stadt ankam, wo der Arzt wohnte und den anderen Morgen aufstand, war es ihm so wohl, dass er sagte: „Ich hätte zu keiner ungeschickteren Zeit gesund werden können als jetzt, wo ich zum Doktor soll. Wenn's mir doch nur ein wenig in den Ohren brauste, oder das Herzwasser lief mir."

Als er zum Doktor kam, nahm ihn der Doktor bei der Hand und sagte ihm: „Jetzt erzählt mir denn noch einmal von Grund aus, was Euch fehlt."

Da sagte er: „Herr Doktor, mir fehlt gottlob nichts, und wenn Ihr so gesund seid wie ich, so soll's mich freuen."

Der Doktor sagte: „Das hat Euch ein guter Geist geraten, dass Ihr meinen Rat befolgt habt. Der Lindwurm ist jetzt abgestanden. Aber Ihr habt noch Eier im Leib, deswegen müsst Ihr wieder zu Fuß heimgehen und daheim fleißig Holz sägen, das niemand sieht, und nicht mehr essen, als Euch der Hunger ermahnt, damit die Eier nicht ausschlüpfen, so könnt Ihr ein alter Mann werden", und lächelte dazu. Aber der reiche Fremdling sagte: „Herr Doktor, Ihr seid ein feiner Kauz, und ich versteh Euch wohl“, und hat nachher dem Rat gefolgt und 87 Jahre, 4 Monate, 10 Tage gelebt, wie ein Fisch im Wasser so gesund, und hat alle Neujahr dem Arzt 20 Dublonen zum Gruß geschickt.

Johann Peter Hebel

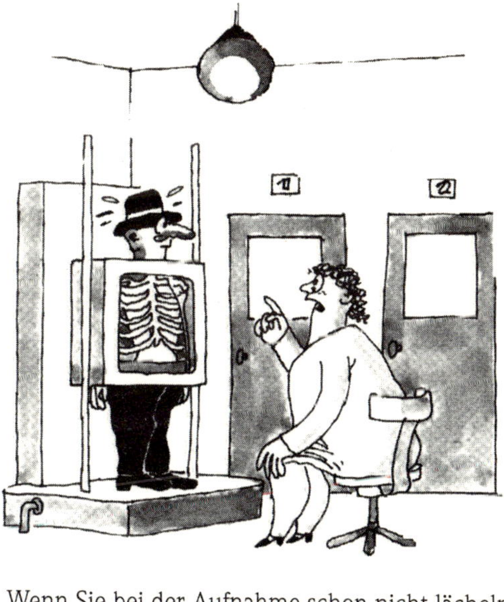

„Wenn Sie bei der Aufnahme schon nicht lächeln wollen, dann nehmen Sie wenigstens den Hut ab!“

Runzeln sollten nur den Platz zeigen,
wo Lächeln gestanden hat.

Mark Twain

Nichts ist gesünder in der Welt
als ab und zu sich krankzulachen.

Oskar Blumenthal

Um ein böses Gesicht zu machen,
musst du fünfundsechzig Muskeln anstrengen;
um zu lächeln, brauchst du nur zehn.
Überanstrenge dich nicht.

Cyril Northcote Parkinson

„Du hättest bei der Bestellung
nicht so nuscheln sollen!"

Diät

Gern hört man, abends eingeladen,
Dass gute Dinge uns nicht schaden.
So will der Hausherr, dieser Schurke,
Uns überzeugen, dass die Gurke,
Wie er sie anmacht, leicht verdaulich,
Die Hausfrau teilt uns mit, vertraulich,
Wie sie an Magensäure litte;
Sie wolle uns nicht drängen, bitte,
Das sei gewiss nicht ihre Art –
Doch diese Tunke sei soo zart …
Auch wird uns dringend angeraten
Der fast nicht fette Schweinebraten.
Der Weißwein kann, im Allgemeinen
Seis zugegeben, schädlich scheinen.
Doch dieser, ein gepflegter Franke,
sei's grade gut für Magenkranke.
Der also überzeugte Gast
Hätt es auch gut vertragen – fast!

Eugen Roth

An den Geburtstag

Geburtstag, sei mir willkommen!
Und fröhlich will ich an dir sein,
Das hab ich mir recht vorgenommen,
Und trinken Wein
Und trinken Wein und singen Lieder –
Aber, Geburtstag, komm auch, wenigstens noch einmal wieder.

Matthias Claudius

Gebet einer alten Äbtissin

Herr, du weißt besser als ich,
dass ich älter und – eines Tages – alt sein werde.

Bewahre mich vor der schrecklichen Gewohnheit,
zu jedem Thema
und zu jedem Anlass
etwas sagen zu müssen.

Erlöse mich von der Lust,
die Angelegenheiten anderer in Ordnung
bringen zu wollen.

Lass mich beschaulich –
aber nicht verdrießlich werden;
hilfsbereit, aber nicht despotisch.

Bei meinem gewaltigen Reichtum an Weisheit
scheint es mir ewig schade,
ihn nicht ganz anzuwenden,
aber du weißt ja, Herr,
dass ich mir schließlich ein paar Freunde
erhalten möchte.

Bewahre meinen Geist
vor der Aufzählung endloser Einzelheiten.
Lehre mich schweigen über meine Schmerzen
und Leiden.
Sie nehmen zu,
und die Lust, sie zu beschreiben,
wächst von Jahr zu Jahr.

Erhalte mich so angenehm wie möglich;
ich will keine Heilige sein
– es lässt sich mit manchen von ihnen so schwer leben
– aber ein grantiger Mensch ist das Krönungswerk des
Teufels.

Verleihe mir die Gabe,
an unerwarteten Stelle Gutes
und bei Menschen unvermutete Talente zu entdecken.

Und lasse mir die Gnade zuteilwerden, Herr, es Ihnen
auch zu sagen.

Teresa von Ávila

Am Ende wird alles gut,
und wenn es nicht gut ist,
dann ist es auch noch nicht das Ende.

Oscar Wilde

„So, so, bis zum Jahr 2050 programmiert –
und was wird dann?“

Quellenverzeichnis

Texte
Seite 68: Hanns Dieter Hüsch, Augenblicke © Abdruck mit freundlicher Genehmigung von Christiane Rasche-Hüsch
Seite 120: Eugen Roth, Diät © Dr. Thomas Roth, München

Illustrationen
Cover: © Depiano/Shutterstock.com
Alle Karikaturen im Innenteil, aus: Das dicke Jankofsky-Buch, hrsg. v. Sonja Schnitzler © Eulenspiegel Verlag, Berlin, 1994

Wir danken allen Inhabern von Text- und Bildrechten für die freundliche Erteilung der Abdruckgenehmigung. Der Verlag hat sich bemüht, alle Rechteinhaber in Erfahrung zu bringen. Für zusätzliche Hinweise sind wir dankbar.